Paris floral interiors

Gilles Pothier

Paris sous le charme floral

floral interiors
Paris
sous le charme floral

Gilles Pothier

Texts / Textes: Anne Sophie Rondeau

Photography / Photographies: Bart Van Leuven

Les créations de Gilles Pothier

Anne Sophie Rondeau

Voir Paris, le cœur de Paris, à travers l'œil et les bouquets de Gilles Pothier. Il nous prend par la main et nous dit «regarde!». Ses créations disent «regarde!» et l'on voit et le ciel et la Seine, et les pigeons qui passent au dessus des ponts. Et l'on voit la Tour Eiffel se profiler dans les perspectives, Notre-Dame à travers la fenêtre, les places tranquilles et les avenues encombrées. Et l'on sent l'intimité des lieux, un certain art de vivre parisien. Il nous emmène au cœur des maisons, dans l'antre des musées, où les œuvres d'art sont serties d'un écrin d'architecture. Il se fait généreusement accueillir dans le mystère des cuisines des grands chefs, par ceux qui savent marier les saveurs, comme lui les fleurs. On se laisse porter par ses fleurs qui donnent la direction. Et comme dans le film *Playtime* de Jacques Tati, tout dit Paris: un reflet de vitre, un entre-deux-portes, un coup d'œil volé comme un baiser. Et l'on court sur les ponts, et l'on entre dans la vie de Paris. Et le jour, et la nuit, et l'on traverse les saisons et les époques dans une journée fantastique qui nous laisse rassasiés, heureux, éblouis.

Gilles Pothier crée. Il nous offre un monde qu'on ne sait pas voir. Son secret? Tout ce qui naît de ses doigts trouve sa place juste. Pourquoi? Parce qu'il regarde. Parce qu'il ressent. Tout lieu est source d'inspiration. Il peut être simple, le seuil d'un escalier, un angle de mur, un bout de couloir, ou grandiose. C'est toujours un espace. Un espace où l'artiste se met en mouvement. Tout devient accord. Et l'œuvre y prend une place indispensable qui renouvelle la vision de l'espace alentour. Oui, ce devait être là. Il se laisse imprégner par le lieu et nous donne à voir le portrait d'une atmosphère. Atmosphère, atmosphère! Et quel portrait! Une œuvre d'art: sculpture végétale, nuage de fleurs, composition architecturale ... par une alliance sans cesse renouvelée des matériaux les plus divers, une alternance de saveurs fortes, brutes, et de fragrances les plus subtiles. Et c'est bon. Ses œuvres, on peut croire qu'elles ont toujours été là. Etonnant pour une composition éphémère qui semble en équilbre, qui joue avec la lumière qui passe et les pétales qui s'épanouissent. Et chez lui, toucher l'atmosphère, la goûter, la palper est chose instinctive. Il prend ce que la terre lui donne, et le façonne au service d'une œuvre. Il y adjoint des métaux, des coquillages et laisse la fleur parler. Et cela tombe juste. D'instinct il retrouve les patines travaillées dans les années Art Déco, d'instinct il retrouve l'inclinaison de la tête d'une Parisienne qui regarde la Tour Eiffel, d'instinct il sait les laques, et les papillons, les motifs et les courbures. Avec un détournement de matière: les petites baies deviennent supports, les vases montrent leur envers, les haricots sont des bandelettes et les kiwis, des menhirs. Parce qu'il voit les matériaux comme une pâte à travailler et non pas simplement dans leur

usage ordinaire. Il les regarde, les prend en main,
dans ses grandes mains, et les travaille pour en faire
de robustes sculptures, des oiseaux prêts à s'envoler,
des sentiers qui apparaissent et vont disparaître.
C'est un travail de colosse, des milliers de fruits collés
et de feuilles travaillées, de pétales épinglés – vite
avant qu'ils ne prennent une autre posture – de fleurs
décortiquées, de racines compressées ... et l'on ne voit plus
les coquillages, les pétales, les racines mais un mur,
une aile, une tapisserie, une rivière ... On ne peut pas donner
de nom à ses créations; c'est à chacun d'y mettre ses rêves.
Chacune est elle-même à son tour source d'inspiration.
C'est un monde qui fait naître des questions, qui nous
place dans quelque chose qui va se mettre en mouvement.
La Seine s'écoule, les nuages passent au-dessus de Paris,
et les bouquets oscillent entre le passé et le présent;
on ne sait s'ils sont figés ou s'ils respirent. On sent
que l'éléphant va se mettre à marcher, que les fougères
sont en train de grandir ... C'est un monde où tout
est possible, où les feuilles de chou deviennent reines,
où s'entend la licorne, où les shadoks d'enfance se mettent
à danser. Oui tout est à sa place. Et le gigantesque,
des architectures, du travail, des créations, donne à voir
l'invisible, l'impalpable sensation des lieux. C'est tout cela,
Gilles Pothier. Un génie aux mains de titan d'où s'envolent
des papillons.

The works of Gilles Pothier

Anne Sophie Rondeau

To see Paris, the heart of Paris, through Gilles Pothier's eyes and floral compositions. He takes us by the hand and says, 'look!'. His works say 'look!' and we see the sky and the Seine, and the pigeons flying over the bridges. The Eiffel Tower stands out in the perspectives, Notre-Dame through the window, the quiet places and the congested avenues. One feels the intimacy of the place, a certain Parisian *art de vivre*. He takes us into the hearts of homes, into the hearts of museums that are architectural showcases for the works in them. He is generously invited to share in the mysteries of the cuisines of the master chefs who know the combinations of flavours as he knows those of flowers. We are carried away by his flowers that lead the way. And as in the film *Playtime* by Jacques Tati, everything says Paris: a reflection in a window pane, a view between open doors, a glance like a stolen kiss. And we skip over the bridges and enter the life of Paris. During the day, at night, throughout the seasons and different periods in the course of a fantastic day that leaves us replete, happy and dazzled.

Gilles Pothier creates. He offers us a world we cannot see. His secret? Everything born from his touch finds its rightful place. Why? Because he looks. Because he feels. Each place is a source of inspiration. It may be simple, a threshold to a stairway, the angle of a wall, the section of a corridor, or it may be grandiose. It is always a space. A space in which the artist goes into motion. Everything becomes harmony. And the work occupies an indispensable place which renews the perception of the surrounding space. Yes, it should be there. He allows himself to become absorbed by the place and presents a portrait of an atmosphere. *Atmosphère, atmosphère!* And what a portrait! A work of art: a plant sculpture, a cloud of flowers, an architectural composition ... with a constantly changing combination of the most diverse materials, an alternation of strong, raw flavours, and more subtle fragrances. And it is good. One may be permitted to think his works have always been there. Something surprising for a fleeting composition which seems to be in equilibrium, which plays with passing light and blossoming petals. And with him, feeling the atmosphere, tasting it, touching it is instinctive. He takes what the earth gives him, and fashions it to serve a work of art. He adds metals, shells and allows the flower to speak. And this is appropriate. He instinctively reproduces the patinas developed in the art déco period, he instinctively reproduces the inclination of the head of a Parisian woman looking at the Eiffel Tower, he instinctively knows about lacquers, butterflies, motifs and curves. By diverting materials: small berries become supports, vases present their undersides, beans become bandages and kiwis become menhirs. Because he sees materials as clay to model and not simply as defined by their normal

function. He looks at them, handles them, in his large hands, and works with them to produce robust sculptures, birds ready to fly, paths that appear then disappear.

It is a mammoth task, thousands of glued fruit, modelled leaves, pinned petals – quickly before they adopt another posture – dissected flowers, compressed roots ... and the shells, petals and roots are no longer seen, instead there is a wall, a wing, a tapestry, a river ... No name can be given to these works; it is for each of us to dream his dream.

Each work is in turn a source of inspiration. It is a world which raises questions, placing us within something about to swing into motion. The Seine flowing, the clouds floating over Paris, and the bouquets shifting between past and present; it is not clear whether they are still or breathing. You feel that the elephant is about to walk, that the ferns are growing ... It is a world where everything is possible, where cabbage leaves become regal, where the unicorn may be heard, where shadoks* start to dance.

Yes, everything is in its place. And the hugeness of the architecture, work and designs, reveals the invisible, impalpable sensation of the places. Gilles Pothier is all of that. A genius with the hands of a Titan from which butterflies take to the air.

* Shadoks are a kind of outer-space bird-like creatures designed and created by Jacques Roué in the late sixties which were the stars of a children's television show in France.

Avenue Foch

C'est le printemps.

It is spring.

Délaissée par les hommes, la statue	Abandoned by man, the statue is
est envahie de cordes végétales	overwhelmed by vegetal strings
jusques sur le sol. Les coulées	that reach down to the floor.
de fleurs aux tons altérés,	Immersed in sunshine or rain,
comme essuyés de soleil et de pluie,	the flowery flows with their
surabondent de bruns, de jaunes,	changing colours abound with browns,
de vieux rouges.	aniseed yellows, antique reds.

G. P.

La pensée – une des fleurs les plus poétiques – s'impose à moi. Même traitée dans une forme contemporaine, elle est plus tapisserie que compression.

The pansy – one of the most poetic flowers – springs to my mind. Even treated in a contemporary form it is more a tapestry than a compression.

G. P.

C'est d'un vase de chimiste que
ces eremurus ont choisi de jaillir.
Véritables lances de miel, la chaleur
a raison de leur rigueur et les tord
dans une fantaisie inhabituelle.

These Eremurus have chosen
to spout from a chemist's vase.
Like spears of honey their rigour
vanquished by the heat twists
them into unusual fantasy shapes.

G. P.

Des pivoines 'Red Charm' gorgées de vie
éclatent sans retenue, sans pudeur,
de toute leur sensualité. Une opulente
réponse rouge aux volutes sages
et blanches de l'escalier.

G. P.

'Red Charm' peonies overflowing
with life explode unrestrained,
immodestly, in all of their sensuality.
An opulent red response to the demure
white volute of the staircase.

p. 18–19

Sur le guéridon: l'œuf. Il en émerge
une imbrication sophistiquée
de baies, de plumes et de feuilles
blanches comme des étoiles de mer:
naissance étrange.

A. R.

On the pedestal table: the egg.
From it emerges a sophisticated
interweaving of berries, feathers
and white leaves like starfish:
a strange birth.

Une harpe d'écume   A harp with white-crested

et de coquillages.   waves and shells.

G. P.

20

Nous sommes à la Villa la Roche.
Cet endroit clair, limpide
fait naître des formes pures,
des couleurs froides.
Bart semble heureux d'être là.
Son regard s'aiguise.

Villa la Roche – Le Corbusier

We are at the Villa la Roche.
This place full of light and
clarity conjures forth pure
forms and cold colours.
Bart seems glad to there.
His gaze becomes more pointed.

Dramatique dans son vase, immobile
mais prête à surgir, une étrange
figure énigmatique, primitive,
entre l'animal et le végétal.

Pure drama in its vase, immobile
though ready to move, a strange
enigmatic figure, primitive,
in between animal and plant.

G. P.

Des lames d'agaves grises, aussi belles	Strips of grey agaves, beautiful
qu'agressives constituent mon vase	and aggressive, constitute my vase
dans cet univers bleuté.	in this bluish world.
G. P.	

La feuille se fait elle-même contenant.	The leaf itself becomes a container.
Tout est un cri blanc et ordonné.	Everything is an orderly white cry.
A. R.	

Dans une pièce presque austère
– carrelage noir, murs blancs –
je place mon «noyau métallique
avec bourgeon». Dans la fissure de
métal: un entrelacs de végétaux
couleur vieux bordeaux.
Plus je le regarde, plus je vois
un shadok.

In an almost austere room – black tiles,
white walls – I place my 'metallic
kernel with bud'. In the metal crack:
an interlacing of antique burgundy
coloured plants.
The longer I look the more
I see a shadok (a bird
from outer space).

G. P.

26

Dans la masse bleu acier,
un œil de verre, kaléidoscope
d'où voir venir l'automne.

Within the icy blue mass,
an eye of glass, a kaleidoscope
through which you can see
autumn coming.

G. P.

p. 30–31

Le feu d'arums violets parle
de lignes noires. Fleur, fruit, racine ...
dans son vase de métal, la tige
ne bouge pas. Immobilité.
Vases perspectifs où le pétale,
travaillé, un instant se tait, et laisse
voir les espaces monochromes.

The fire of violet arums speaks
of black lines. Flower, fruit, root ...
in its metal vase, the stem no longer
moves. Immobility. Perspective
vases in which the petal, shaped,
for an instant remains quiet
and allows the monochrome spaces
to appear.

A. R.

p. 32

Je dispose une souche
de bambou sur
un socle de bronze.
C'est mon samouraï.

**I set a bamboo stump
on a bronze plinth.
My samurai.**

G. P.

p. 33

Le domino végétal:
une partition où les
blanches ont la même
valeur que les noires.
Les touches du piano
sont éclatantes
de musique.

**A vegetal domino:
a composition that
values the whites
as highly a the blacks.
The keys of the piano
resound with music.**

G. P.

Avenue
du Mélomane

Ici tout n'est que
peinture et musique.

Everything here is
painting and music.

Les lavandes en fils de cire, bougies
d'un instant, plantées dans un vase
comme une mignardise à savourer.
Les pétales de pois de senteur
aussi translucides que des pétales
de sucre filé.

A. R.

Lavender in the form of wax threads,
fleeting candles, p anted in a vase
like delicious sweets.
The petals of sweet peas
are as translucent as petals
of threaded sugar.

p. 36–37

Les fraisiers et les fleurs
de calcéolaires «font des pointes»
sur la table basse.

G. P.

The strawberry plants and calceolaria
flowers 'dance on points' on the
coffee table.

Auprès du piano noir qui brille,

la touffe de cotinus comme

une intrusion de légèreté. Le pianiste

a choisi une perruque en harmonie

avec le tapis. Il doit être italien.

Prélude de fleurs avant que la musique

ne se fasse entendre.

G. P.

Next to the shiny black piano,

the clump of Cotinus is a light

intrusion. The pianist has chosen

a wig that matches the rug.

He must be Italian.

A prelude of flowers before

the music begins.

Gauches, les trompes blanches
et rugueuses supportent timidement
les têtes d'hortensias.

The white and uneven horns
bend to support the hydrangea
heads timidly.

G. P.

Les hydrangeas contenus,
retenus dans leurs hauts tubes
emmaillotés sont offerts
et semblent nostalgiques
d'un ailleurs. Le blanc brut
des bandelettes choque la table
cirée habituée aux ors travaillés.

The hydrangeas contained,
held back in their high-necked wrapped
tubes, are offered up and appear
to yearn for some other place.
The raw white of the bandages
shocks the polished table accustomed
to crafted gold.

A. R.

Fief de l'Art Déco. Ma découverte
des styles et mon premier amour.
En faisant mon marché,
un dimanche, comme tous
les dimanches, je m'arrête fasciné
par un étal de poissons: l'acier
des maquereaux, la rouille des soles,
le cuir de l'algue. Une irrésistible
envie d'essayer.

Restaurant
· Prunier

The realm of art déco.
My discovery of styles and
my first love.
As I was shopping at the market
one Sunday, as every Sunday,
I was stopped in my tracks
fascinated by a fishmonger's stall:
the steel of the mackerel, the rust
of the soles, the leather of the algae.
I felt an irresistible urge to
try something.

Les éponges végétales sorties des profondeurs fleurissent d'anémones fascinantes: les violets et les cuivres y chatoient. C'est une nacre d'eau, une émanation de rêve, un trésor enfoui rapporté dans des coupes d'argent. Les coquillages sont restés gravés sur les murs laqués d'or.

The vegetal sponges from the depths blossom with fascinating anemones: the mauve and copper hues shimmer. It is a mother-of-pearl, a dreamlike emanation, a buried treasure brought back in silver cups. The shells have remained engraved on the gold lacquered walls.

A. R.

On dirait que les népenthes font
du saut à l'élastique sur ce paravent
d'algues et de soles. Le pêcheur
est ailleurs.

The Nepenthes appear to be bungee
jumping on this screen of algae
and sole. The fisherman is elsewhere.
G. P.

44

Une barbotine de maquereaux
qui deviennent les gardiens de caviar.

G. P.

Les maquereaux offrent leur trésor:
perles de caviar ou de lierre? Vertes et
noires. Sur le pointillé du marbre,
leurs queues se font douces plumes.
Les motifs grecs de leur peau
irisée de vert et d'argent semblent
créés en 1925. Un instant encore,
les têtes argentées se tendent
vers la lumière, en offrande.

A. R.

A *barbotine* of mackerel transformed
into guardians of caviar.

The mackerel offer their treasure:
pearls of caviar or of ivy, green or black.
On the dotted marble their tails
are as soft as feathers. The Greek motifs
of their green and silver iridescent
skin look as though they were
designed in 1925. One moment longer
the silver heads stretch out towards
the light as an offering.

L'océan fleurit. C'est éphémère, la chance qu'en cet instant d'ouverture des flots, un photographe soit là: surgit une hélice de coques brutes qui tournoie dans un vase aux reflets de soleil d'orage sur la mer. Imprégnée d'un coulis de renoncules grenat. L'hélice fait écho aux cercles pointillés d'or sur fond de laque noir des panneaux muraux. Comme les ronds que l'on fait dans l'eau, sur lesquels le regard se laisse porter jusqu'à la limite des rêves.

The ocean blossoms. A fleeting moment, by chance the instant the waters part a photographer is there: a helix of rough shells springs forth whirling in a vase coloured with the hues of a storm over the sea. Imbedded with a splash of garnet coloured Ranunculus. The helix provides a counterpoint to the gold dotted circles on the black lacquered background of the wall panels. Like circles made in the water upon which the eye lingers carried to the limits of dreams.

A. R.

*Lieu mythique. Nous faisons
un chassé-croisé très pro
avec les services.
Un ballet de fleurs et de mets.*

Restaurant
La Tour d'Argent

*A legendary place. We conduct
a very professional toing and
froing with the waiters.
A ballet of flowers and dishes.*

Un lustre chantilly avec des hydrangeas   A Chantilly centre light with

rosés, coupés spécialement   pinkish hydrangeas, cut specially

pour moi par mon ami Henri,   by my friend Henri, hangs from

pend d'un plafond de nougatine.   a nougatine ceiling. A pleasant place,

On est bien, et au bon endroit.   and the right place.

G. P.

Et cette console que j'enflamme   And this console that I set ablaze

de célosies rouges.   with red Celosias.

G. P.

Sur des palmes séchées et disposées
horizontalement, j'organise
la transhumance des fruits de rosiers.
Les derniers ont du mal à suivre,
ils sont de plus en plus rouges.

On palms dried and laid horizontally
I organise the transhumance of
the fruit of rose trees. The last ones
have trouble following, they are
redder and redder.

G. P.

Une épaisse fumée de ce vase végétal. — A thick smoke from this vegetal vase.

Elle s'immobilise, se domestique. — It becomes stationary, domesticated.

Les clématites sauvages et les — The wild clematis and edelweiss

edelweiss ne me déçoivent pas. — do not disappoint me. Who said

Qui a dit que les gris sont tristes? — greys were sad?

G. P.

Ecume de Seine ou matière des nuages — Foam from the river Seine or passing

qui passent? Ces edelweiss et — clouds? These edelweiss and the

les fruits neigeux des clématites — snowy fruit of the clematis hardly

pèsent à peine, quelques plumes — weigh anything, a few plumes

pour nous faire croire qu'on peut — to make us believe we can touch

toucher l'air, que la neige se mange — the sky, that snow can be eaten

et que les rêves sont réalité. — and that dreams are reality.

A. R.

Je travaille sur la carcasse

d'un oiseau préhistorique.

Les canards étaient-ils déjà géants?

Les fibres d'aloès ont un aspect

membraneux. Il y a de l'animal

là-dedans. Le poivre vert

en grappes et quelques orchidées.

Sobre. Pour qu'il garde tout son jus.

G. P.

I am working on the carcass

of a prehistoric bird. Were ducks

already giants? The aloe fibres

have a membranous aspect.

There is something animal in this.

The green pepper in bunches

and a few orchids. Sober.

For it to keep all of its character.

Une coupe de roseaux droits,   A cup of straight, sober reeds,

sobres, parés de poissons blancs   ornamented with white fish

prêts à s'envoler, papillons d'eau.   ready to fly, water butterflies.

A. R.

p. 66–67

Le lit d'un ruisseau: herbes hautes   The small stream: high Panicum

des panicum surgies du bois   grasses sprouting from the wood

verdi des canisses, et des   of a wattle fence turned green and

immortelles mousseuses.   immortal everlasting flowers.

Çà et là, quelques galets   Here and there a few pebbles

d'eau faits de guimauve rose.   made of pink marshmallow.

G. P.

Les ornements muraux se mettent

à germer. Les fleurs pourpre fuchsia

se rassemblent au sol pour monter

à l'assaut des murs, en emprunter

les motifs, les rendre vivants;

s'en élèvent d'étranges fleurs.

Les feuilles sont restées au mur.

The mural ornaments start

to germinate. The crimson fuchsia

blossoms assemble on the floor

to attack the walls, borrow

the motifs, bring them to life;

strange flowers emerge. The leaves

have remained on the wall.

A. R.

Les disques métalliques s'articulent
en une colonne vertébrale, dans
les teintes sourdes et profondes
des lies de vin et des vieux bourgognes.
Les figues opulentes comme le seul
accord possible dans la richesse des
sensations. Une nature morte
en pleine bouche.

G. P.

The metal discs are shaped
like a vertebral column, in muffled
tints that are deep like the lees
of wine or old burgundies.
The sumptuous figs are
in harmony with the richness
of sensations. Full-mouthed,
dead nature.

p. 72–73

Deux phares de fruits d'agapanthes
accumulés peignent la vue
sur Notre-Dame et guident
les bateaux-mouches.

A. R.

Two beacons of accumulated
Agapanthus fruit paint the view
of Notre-Dame and guide
the bateaux-mouches.

p. 74–75

L'on monte vers les collines de Paris.
Fructification toujours verte, en devenir.

A. R.

We climb the hills of Paris.
The promise of evergreen fructification.

73

Restaurant
Lucas-Carton

La nature redevient partie   Nature once again

prégnante de notre   becomes a vivid part

univers quotidien.   of our everyday world.

A. R.

La taille est fine, les hanches rondes,
le pied élégant. Les callas
sont à la hauteur. On pourrait
prononcer le «s».

G. P.

The waist is slender, the hips are round,
the foot is elegant. The calla lilies
are equal to the task. One might add
an 's' to calla.

Les courbes et contre-courbes ondulent
comme ondule même la pierre
en ces années où l'Art Nouveau
se déploie sur toutes les façades.

A. R.

The curves and counter curves
undulate as stone undulated
in the years during which *art nouveau*
was deployed on every façade.

Les tulipes « perroquet » sont alanguies.

Je sens qu'elles sont bien à leur place.

Quand elles vont s'ouvrir,

elles ne seront plus qu'un

énorme papillon orange.

The 'parrot' tulips are languid.

I feel they are in the right setting.

When they open, they will change

into a huge orange butterfly.

G. P.

Le végétal se sculpte en sycomore,

les fleurs deviennent de verre.

Leaves are sculpted like sycamores.

Flowers become like glass.

A. R.

Il faudra que je demande à Monsieur
Senderens s'il a déjà essayé le mariage
des asperges et des feuilles de chou ...

G. P.

I must ask Mr Senderens if he has
already tried the combination
of asparagus and cabbage leaves ...

Plante ou architecture, feuilles
ou céramique? Avec Gilles Pothier
tout est possible. Et il nous laisse
au bord d'une indécision
porteuse de rêves.

A. R.

Plant or architecture, leaves
or ceramics? With Gilles everything
is possible. And he leaves us
on the edge of an indecision,
bearer of dreams.

Ici, on marche la tête en l'air.
A droite, la Tour Eiffel; au-dessus
de nous, des torrents de cristal ambré.
C'est la piste aux étoiles. Un mille-pattes
de fleurs tendres, légères et parfumées,
nous accueille au bar.

Le Café de l'Homme

In this place one walks with one's
head in the clouds. On the right,
the Eiffel Tower; above us torrents
of amber crystal. The dance floor
of the stars. A centipede of gentle,
light, fragrant flowers welcomes us
at the bar.

Explosion opulente d'ors et de roses:
tulipes perroquet pourpres,
anémones, roses 'Yves Piaget',
chatons duveteux; c'est un pétillement
de saveurs qui adoucit le cœur.

An opulent explosion of golds
and roses; crimson parrot tulips,
anemones, 'Yves Piaget' roses,
downy catkins; a bubbling of flavours
that soften the heart.

A. R.

J'aime ce gros vase façon
« poire belle-hélène » et le coiffe
d'une capeline de ligulaires et de vanda:
deux femmes se contemplent ...

G. P.

I like this large vase styled like a pear
in chocolate sauce and coiffed by a
wide-brimmed hat of Ligularia and Vanda:
two women contemplating one another ...

p. 86–89

Deux bouquets comme des chapeaux de
modistes français. Gilles pose ses chapeaux-
bouquets avec l'inclinaison légère.
L'un fait de fleurs de vanda violacées et de
baies rouges, sur une armature d'envers de
feuilles de couleur bronze, est en équilibre
sur la goutte oblongue d'une perle noire.
L'autre: les plumes de paon sont retenues
par un ruban de feuilles pâles et légères,
la calotte posée sur un vase de perles
de coquillages.

A. R.

Two bouquets like hats by French milliners.
Gilles sets his hat-bouquets with
a slight inclination.
One made of purplish Vanda flowers
and red berries on a frame made of
the undersides of bronze coloured leaves,
is balanced on the oblong drop of
a black pearl. The other: the peacock
feathers are held together by a ribbon
of pale, light leaves, the crown set
on a vase of pearls of shells.

Sur une jambe de coquillages,

le paon, façon cabaret, amorce

pour nous une roue.

On a leg of shells the peacock,

in cabaret style, starts a Catherine

wheel for us.

G. P.

Le soleil s'invite à la dernière minute, et apporte son coup de pinceau final.

G. P.

The sunshine makes an appearance at the last minute and adds its final brushstroke.

Quatre œuvres architecturales, sculptures éphémères et qui pourtant dégagent ce caractère d'immuabilité de la sculpture. L'une faite seulement de pétales prolongeant la laque rouge. (p. 91) Une autre encadrée de montants de pierre. (p. 92–93) Un étagement de nacelles bleues sur une structure métallique rappelle Eiffel. (p. 94–95) Et un prodige bleu. Rivière foisonnante de végétaux entrelacés, Ophélie nouvelle. (p. 96–97)

A. R.

Four architectural works, fleeting sculptures. One red, exclusively red, composed only of petals that prolong the red lacquer. (p. 91) Another framed by stone columns. (p. 92–93) Tiers of blue gondolas on a metallic structure are reminiscent of Eiffel. (p. 94–95) And a blue prodigy. An abundant river of interlaced plants, a new Ophelia. (p. 96–97)

J'avais acheté cette fleur atypique, un parallélépipède de ferraille lui convient. Il faut maintenant trouver l'écrin: l'entrée du musée. Pas de doute. C'est ici, tout est juste.

I had bought this atypical flower, an iron parallelepiped suits it. The right setting must now be found: the entrance to the museum. Undoubtedly. That is the place, **everything is right.**

G. P.

Une compression de bleus,   A compression of different blues

entre les piliers massifs,   between massive pillars

s'impose en totem.   rises as a totem.

G. P.

En pénétrant dans ce musée,
nous sommes frappés par la sobriété
du lieu, par les couleurs chaudes,
les géométries silencieuses.
A Paris, il neige comme rarement.
Le contraste est saisissant.

Musée Dapper
Art africain

When entering this museum
you are struck by the sobriety
of the place, by the warm colours
and the silent geometries.
In Paris it is snowing as it
rarely does. The contrast
is striking.

D'un vase baudruche marqueté | From a round vase inlaid with wide red beans

de larges haricots rouges naît | a flower of African arum is born.

une fleur d'arums africains. | The flame of life emerging from the world.

G. P.

Flamme de vie, émergeant | The crosiers of the ferns gently awake,

du monde. | attracted by the light. The soil is good here.

A. R.

p. 102–103

Personnage éléphantesque avec ses | An elephant-like figure with

trompes inversées, ses pommes d'arrosoir | its reversed trunks and watering

qui regardent vers le haut; il est prêt | can heads turned upwards

à avancer d'une démarche claudicante. | is ready to lurch forward.

A. R.

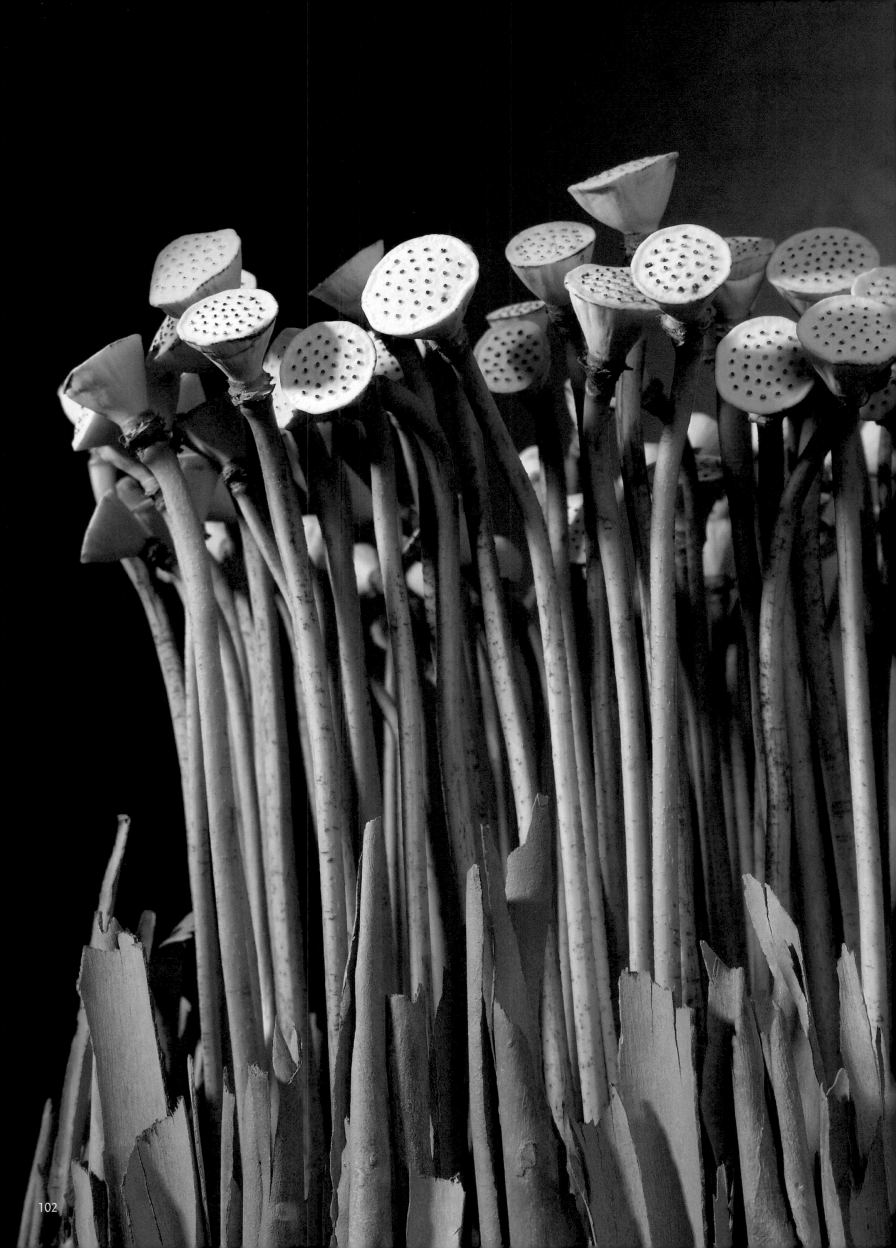

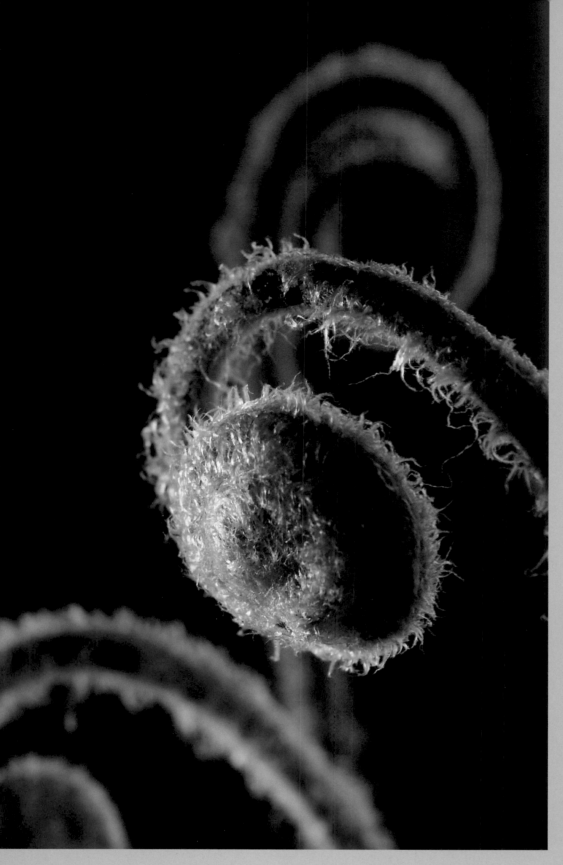

Les crosses de fougère se réveillent
doucement, attirées par la lumière.
Il faut dire qu'ici la terre est bonne.

G. P.

The crosiers of the ferns gently
awake, attracted by the light.
The soil is good here.

C'est une naissance incandescente.

Germination.

A. R.

An incandescent birth.

Germination.

Un autel domestique, léger   A domestic alter, light with its

avec ses antennes végétales, avec ses   plant antennae and grasses like

herbes comme de petites oreilles,   little ears, becomes a window

se fait fenêtre du monde intime.   onto an intimate world.

Une fenêtre sur soi. Les pensées   A window onto oneself.

secrètes et les fleurs intérieures,   The secret thoughts

toutes les aspirations humaines   and inner blossoms, all human

attendries de fragilité, sont mises   aspirations softened by fragility

en transparence dans ce cadre.   are made transparent in this frame.

Des pierres d'autel – flaques de figues   Alter stones – prickly pears –

de barbarie – sont posées dessus.   are set down upon it. To prevent

Pour ne pas qu'elles s'échappent?   them escaping? Or to protect them

Ou pour les protéger des intempéries?   from the elements?

A. R.

Le regard est conduit par   The gaze is directed by

les nervures de la feuille   the veins of the leaf

le long de la courbe pure;   along the pure curve;

elles indiquent le sens au regard,   they lead the eye,

elles donnent sens.   they lead the way.

Re-création pour redonner   A re-creation to re-present

à voir ce qui est.   to the eye what is.

A. R.

Mon père était un grand chasseur.
Le Musée de la Chasse m'inspire.
Tout y est ambré, chaud, duveteux.
J'ai vécu dans un milieu où
les animaux, les ours et les trophées
se côtoyaient. Ils me sont familiers.

Musée de la Chasse

My father was a great hunter.
The Musée de la Chasse (Museum
of Hunting) inspires me. Everything
is amber, warm and downy. I once
lived in an environment in which
animals, bears and trophies were
mingled. They are familiar to me.

Les dahlias viennent de vivre	The dahlias have had a hard day.
une rude journée. Ils rentrent.	They are coming home. The open air
Le grand air leur a donné des couleurs!	has flushed their cheeks!

G. P.

Coup de foudre pour l'ours debout | Love at first sight for the bear

sur ses pattes arrière: 2,50 mètres | standing on his back feet:

de puissance. C'est un animal | 2.50 metres of power.

qui revient souvent dans ma vie. | It is an animal that often reappears

Je lui dresse une table avec des cœurs | in my life. I lay a table out for him

d'agaves blancs, des arums blancs | with the hearts of white agaves,

et des têtes d'hortensias. | white arum lilies and hydrangea buds.

Nous nous montrons les dents. | We show one another's teeth.

Les arums comme des défenses d'ivoire. | The arums like ivory tusks.

G. P.

Un vase rapporté de Corée
reçoit une compression de racines
blanchies et des œufs de caille.
Au-delà de son esthétisme,
la tendance de ce vase oscille
entre le végétal et le minéral.

G. P.

A vase brought back from Korea
receives a compression of whitened
roots and quail eggs. Beyond its
aestheticism the tendency of
the vase shifts between the vegetal
and the mineral.

Bois? Métal? Pierre?
On bascule dans un autre monde.
La vision change. Où sommes-nous?
Là où il est bien naturel que les œufs
de caille soient des perles et
les fleurs de sandersonia des lampions,
cousus sur un tissage de bois séché.

A. R.

Wood? Metal? Stone?
We tip into another world.
The vision changes. Where are we?
Where it is natural for quail eggs
to be pearls and Sandersonia flowers
to be Chinese lanterns, sewn
onto woven dried wood.

Des pas du cerf naissent
des amas mousseux blancs et verts.
De quel royaume vient ce cerf?
De quelle contrée où rien n'est
piétiné mais où tout jaillit
des pas de l'animal en marche?

A. R.

In the tracks of deer sprout white and
green mossy clumps. Which kingdom does
the deer belong to? From which country
where nothing is trampled on but where
everything springs from under the hooves
of the advancing animal?

p. 118–119

L'envol. Toute la puissance de la matière:
les coquillages comme des branches
de métal, joints, juxtaposés, superposés
forment cet oiseau mythique.
Les plantes colorées dégoulinent,
rampantes, vivantes sur ses ailes:
grappes de raisin clair, de poivre rose,
d'hortensias mauves. La piste d'envol
est une grotte baroque faite d'un
monde d'ornements, d'or et de volutes.
Il s'élève, le cormoran des temps.

A. R.

The flight. All the power of matter:
the shells like metal branches, joined,
juxtaposed and superimposed form
this legendary bird. The coloured plants
trickle down, rampant, living on
these wings: bunches of white grapes,
pink pepper and mauve hydrangeas.
The perch is a baroque grotto composed
of a world of ornaments, gold and scrolls.
The cormorant of the seasons takes
to the sky.

p. 120–121

Plus loin la cheminée flambe d'un
feu de fruits. Les baies de fin d'hiver
sur des brindilles pâles. Mais ce sont
des fleurs de kalanchoé qui pétillent sur
un mikado d'arums. Où sommes-nous?

A. R.

Further along the chimney is aflame
with fruit. Berries from the end of winter
on pale twigs. But the flowers that sparkle
on a Mikado of arums are kalanchoë
blossoms. Where are we?

116

Dans la salle du festin,	In the banquet hall the guests
on attend les invités. La licorne	are expected. Will the unicorn
viendra-t-elle dans l'antre de l'ours?	enter the bear's lair?
Les chandeliers sont parés de lumière.	The chandeliers are bathed in light.
Les haricots retombants,	The hanging beans, like running wax
coulées de cires d'un autre âge,	from another age are mingled
sont entremêlés de fleurs immortelles,	with immortal flowers,
comme des fruits oubliés pour	like forgotten fruit for the feast
un festin de licorne et d'ours.	of a unicorn or a bear.

A. R.

Musée Baccarat

Gant de velours, l'on se perd dans
sa profondeur et rien n'est plus
intensément noir que le velours noir.
Le moiré joue avec les parcelles
de lumière et donne irrésistiblement
envie de caresser. Paris, haute couture ...

Velvet glove. You lose yourself
in its deepness and nothing can be
more black than black velvet.
The reflection plays with particles
of light and irresistibly makes one
feel like fondle. Paris, haute couture ...

Extérieurs

Passerelle des arts

Paris au cœur.	Paris at heart.
Suspendue entre ciel et eaux,	Hanging between sky and water,
d'un côté, sur le Pont Neuf, passent	on one side, the musketeers cross
les mousquetaires, de l'autre,	the Pont Neuf, on the other,
les dorures du Pont Napoléon III	the gilt on the Pont Napoléon III
disent l'éclat du ciel.	reflects the brilliance of the sky.
Sur la passerelle: un totem.	On the footbridge: a totem.
Je le trouve «barbare».	I find it 'barbaric'.
Il fait beau. C'est la dernière photo.	The weather is good. It's the last photo.
Il y a du soleil partout.	There is sunshine everywhere

G. P.

Avenue des Champs Elysées

La veille, le pari est pris:	The bet was made the previous day: to do
faire un plan sur les Champs Elysées.	a composition on the Champs Elysées.
Dimanche matin	Sunday morning
8 heures: nous y sommes. Les nuages	8 a.m.: we are set to go. The clouds
respectent ma «bouillie bordelaise».	respect my 'Bordeaux mixture'.
8h30: j'ai réalisé mon travail.	8:30 a.m.: I have finished my work.
9 heures: les reptiles se réveillent.	9 a.m.: the reptiles awaken.
Sur cette avenue, tout est possible.	On this avenue everything is possible.

G. P.

Place Dauphine

Casque d'or dans les feuilles.	A golden helmet amid leaves.
Derniers soleils dans	Last rays of sunshine
les hautes tiges d'aneth.	among the tall stems of dill.
Arbre-bouquet qui tourbillonne,	Whirling tree-bouquet, shards of gold
éclats d'or des derniers rayons,	from the last rays of sun, memories
souvenirs de soleil séché. La tendresse	of dried sun. The tenderness of autumn
de l'automne comme les derniers	like the last summer butterflies
papillons d'été avant le froid.	before the cold sets in.
L'automne n'en finit pas.	Autumn persists.
Sur cette place vivait celui	On this square there used to live
qui chantait «les feuilles mortes	the man who sang 'The falling leaves
se ramassent à la pelle» ...	drift by the window' ...
Ce mini cyclone vient de les	This mini cyclone has just reattached
rattacher aux arbres alentour.	them to the surrounding trees.
Pour combien de temps?	For how long?

G. P.

Institut du Monde arabe

Réalisée avec de la récup et	Made with recycled materials
des objets détournés, cette stèle vide	and diverted objects, this empty stele
me fait penser à une dent pour	makes me think of a tooth for
une gueule d'acier. Fleurie, entre	a steel mouth. In flower, between
le bois et les panicum,	the wood and the Panicum,
elle n'est que chaleur.	it is full of warmth.
Les pieds deviennent des pics de glace.	The legs become shards of ice.
Intrusion de la vie sauvage dans	Intrusion of wild life in the cold world
le monde froid des matières polies.	of polished materials.

G. P.

137

 **10** **11**

 **12** **13**

 **14** **15**

Dendrobium
Hydrangea macrophylla
Hoya carnosa
Amaranthus caudatus

Viola wittrockiana

Eremurus robustus

 **22** **23**

 **24** **25**

 **26** **27**

Heliconia 'She Kong'
Cissus

Agave

Galax
Zantedeschia rehmannii
Anthurium andreanum
Ligularia

 **34** **35**

 **36** **37**

 **38** **39**

Lavandula
Lathyrus odoratus

Fragaria vesca
Calceolaria

Cotinus

46 **47**

 **48** **49**

 **50** **51**

Hedera helix

Ranunculus asiaticus

Pæonia 'Red Charm'

Tillandsia
Zinnia
Viburnum
Lathyrus odoratus

Scabiosa caucasica

Hydrangea macrophylla

Anthurium andreanum 'Rapido'

Bambusa   *Lilium longiflorum*

Hydrangea macrophylla

Restaurant
Prunier

Anemone coronaria 'Sapphire Gold'

Nepenthes x mixta

Hydrangea quercifolia

Celosia argentea var. *cristata*

Phoenix
Rosa sempervirens

Phoenix
Rosa sempervirens

Leontopodium alpinum
Clematis vitalba

Agave
Schinus molle
Hypericum hircinum
Brassia

Zantedeschia rehmannii
Ficus carica
Callicarpa

Agapanthus
Rosa sempervirens

Maclura pomifera

fruits d'Aloe / Aloe fruit

Anemone coronaria 'Sapphire Gold'
Rosa 'Yves Piaget'
Salix
Tulipa gesneriana

Le Café
de l'Homme

Vanda cœrulea
Ligularia
Capsicum

Ceropegia
Platycerium alicorne
Eryngium

Nigella sativa
Hydrangea macrophylla
Kalanchoe uniflora
Papaver somniferum
Ceropegia
Crassula

Hedera helix
Salix tortuosa
Tulipa gesneriana

Musée Dapper
Art africain

Anthurium andreanum

Imperata cylindrica
Helichrysum fœtidum

Celosia argentea var. *cristata*
Euphorbia
Adansonia digitata

Restaurant
Lucas–Carton

Hyacinthus
Imperata cylindrica

Zantedeschia æthiopica 'Green Goddess'
Typha

Tulipa 'Apricot Beauty'

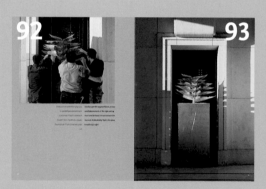

Soleirolia soleirolii
Platycerium grande

Begonia rex
Lathyrus odoratus
Rosa 'Eric Tabarly'

Ravenala madagascariensis
Aechmea

Zantedeschia æthiopica

Nelumbo nucifera
Eucalyptus

Aspidium angulare
Actinidia deliciosa

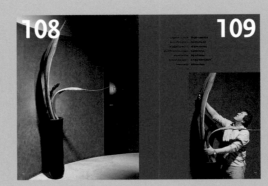

Opuntia ficus-indica
Vanda cœrulea
Sansevieria
Aechmea aquilega

Heliconia 'Prince of Darkness'
Caryota

Dahlia

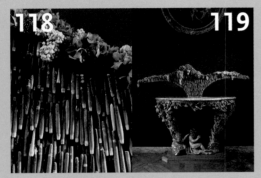

Rosa 'Yves Piaget'
Hydrangea macrophylla
Schinus molle
Lysianthus

Zantedeschia
Kalanchoe

Amaranthus

Lagenaria siceriana

Lagenaria siceriana
Hydrangea macrophylla

Helianthus annuus
Anethum graveolens

Agave
Hydrangea macrophylla
Zantedeschia æthiopica

œufs de caille / quail eggs
Sandersonia aurantiaca

Clematis vitalba

Rosa 'Black Baccara'

Rosa 'Black Baccara'

Panicum
feuilles de chou / cabbage leaves

Auteur / Author
Gilles Pothier
97 avenue Raymond Poincaré
F-75016 Paris
Tel. +33 1 40 67 71 71

Texte / Text
Anne Sophie Rondeau, Paris (F)

Photographies / Photography
Bart Van Leuven, Gent (B)
Assisté par / assisted by Kim Manhaeve & Tom Swijns

Rédaction finale / Final editing
Mieke Dumon
Karel Puype
An Theunynck

Traduction / Translation
Paul Belle, Fontaine sous Jouy (F)

Mise en pages & photogravure / Layout & photogravure
Graphic Group Van Damme, Oostkamp (B)

Imprimé par / Printed by
Graphic Group Van Damme, Oostkamp (B)

Une édition de / Published by
Stichting Kunstboek bvba
Legeweg 165
B-8020 Oostkamp
Tel. +32 50 46 19 10
Fax +32 50 46 19 18
E-mail: info@stichtingkunstboek.com
www.stichtingkunstboek.com

ISBN: 90-5856-173-9
D/2005/6407/24
NUR: 421

Je remercie chaleureusement / I warmly thank

Restaurant Prunier
M. / Mr Jacques-François de Chaunac-Lanzac,
     Musée de la Chasse et de la Nature
Coco, Restaurant Café de l'Homme
Mme / Mrs Falgayrettes, Musée Dapper
M. & Mme / Mr & Mrs Navarra
M. / Mr Richard, Fondation Le Corbusier
M. & Mme / Mr & Mrs Senderens, Restaurant Lucas-Carton
M. / Mr Terrail, Restaurant La Tour d'Argent
Qualité et Co
     qui m'ont généreusement ouvert leurs portes /
     who generously opened their doors

mes amis / my friends
Cédric, Isabelle, Jean-François, Michaël, Muriel, Nathalie
     et Olivier, Thierry ainsi que l'équipe du magasin /
     as well as the whole shop staff
Bart Van Leuven
     Merci, Bart, pour ton talent et ta patience / Thank you,
     Bart, for your talent and patience
Anne Sophie Rondeau
     Merci à Anne Sophie qui avec talent a su cueillir
     mes pensées / Thanks to Anne Sophie who was able
     to pick my thoughts with her talent

Prises de vue / Locations

Fondation Le Corbusier, 10 square du Docteur Blanche, Paris
Institut du Monde arabe, 1 rue des Fossés Saint-Bernard,
     place Mohammed-V, Paris
Musée de la Chasse et de la Nature, 60 rue des Archives, Paris
Musée Dapper, d'Art africain, tout récemment rénové /
     recently renovated, 50 avenue Victor Hugo, Paris
Restaurant Lucas-Carton, 9 place de la Madeleine, Paris
     (Le restaurant est fondé en 1732 par Robert Lucas;
     le Chef Carton y accole son nom en 1920. Aujourd'hui
     Alain Senderens descend de ses étoiles pour lui donner
     son nom. / The restaurant was founded in 1732 by
     Robert Lucas; chef Carton adds his name in 1920. Today,
     Alain Senderens descends his stars to give it his name.)
Prunier dit Traktir, 16 avenue Victor Hugo, Paris
     (1925. L'Art Déco, cristallisé autour de l'exposition universelle
     des Arts Décoratifs à Paris. / 1925. Art deco, crystallised
     around the Universal Exhibition of Decorative Arts in Paris.)
Le Café de l'Homme, 17 place du Trocadéro, Paris
     (Dans le Palais de Chaillot construit pour l'Exposition
     Universelle de 1937. / In the Palais de Chaillot built
     for the Universal Exhibition of 1937.)
Restaurant La Tour d'Argent, 15 quai de la Tournelle, Paris
     (Argenté de la couleur de la pierre champenoise qui la
     constitue, face à Notre-Dame. / Silvered in the colour
     of the champagne stone of which it is made, opposite
     the Notre Dame.)